Amarilis

# Amarilis

Natalia Litvinova

La Bella Varsovia

ANAGRAMA

Primera edición: junio de 2025

© De los poemas, Natalia Litvinova
© De los *collages* de cubierta e interior, Francisca Pageo
© De esta edición, La Bella Varsovia
Editorial Anagrama, S. A. U.
Pau Claris, 172
08037 – Barcelona
*http://www.labellavarsovia.com*

Corrección:
Júlia Sala Reyes

Diseño de la cubierta y maquetación:
Sergi Godia

Impresión y encuadernación:
Liberdúplex

ISBN: 978-84-339467-8-2
Depósito legal: B. 4460-2025

*Printed in Spain*

*Amarilis*

1.

*Tu exquisito corazón
—exquisito porque lo elegí—
estará siempre en otra parte.*

Katerina Anghelaki-Rooke
(Atenas, 1939-2020)

Amarilis
estés donde estés
seas quien seas:
flor, deidad, oráculo
quiero que escuches
lo que me pasa

y me imagines
frente al espejo
con el pelo recogido
y el corsé apretándome
como si diez parteras
tiraran de sus cintas
como si diez bueyes
tiraran y tiraran

pantalón bordado con plata
camisa bajo el corsé
botas sin estrenar
brillo en los labios
desmesura de alhajas
vestida como una torera
hacia el encuentro con el Toro

antes de salir
me incliné frente al altar
lleno de esmaltes
tomé uno
volqué gotas en mis dedos

me persigné
y apagué las velas

TOQUÉ LA PUERTA
el Toro abrió
sequé mi frente y labios
con un pañuelo rojo
lo pasé por mi pecho
lo agité

el Toro debía embestir
con sus cuernos
pero me acarició

sus pezuñas se ablandaron
como corteza de pan
remojada en leche

EL PRIMER ENCUENTRO CON ÉL
fue lluvia de verano
garúa tibia que terminaba
y volvía a empezar
follaje rasguñándome
hojas revolcándose en mis párpados
sensación de hélices en el paladar
mudas de serpiente
en mis dedos

nada de eso me alcanzó

que venga la lluvia huracanada
y los sexos de las selvas
se abran y cambien de color
se muevan sus estambres
los pétalos se hinchen
me hagan florecer

Pasé el día siguiente
recordando el sonido
que hizo el corsé
cuando la bestia arrojó
mi ropa al piso

no pienso contarte
los detalles, Amarilis
el ardor en tus pómulos
te podría prender fuego

¿pero por qué le hablo
a una flor sobre un Toro?

el toro que no quiere matar
es una flor también

Yo vivía como una nube
casada con todos los climas
escondía mis pezones
detrás de telas gruesas
y ahora mis pechos
cantan como sirenas
para atraer al Toro

Amarilis, podría haberme quedado
escuchando las historias de mis vecinas
mientras cuelgan la ropa
y sus gemidos cuando llega la noche
pero necesito rasguños

por eso volví a él
empujada por el deseo
fui cayendo
hasta su puerta
derramada
ante su puerta
atravesé el umbral

Los griegos áticos
llamaban bárbaros a los extranjeros
todo lo que ellos decían
les sonaba a «bar-bar»

los bárbaros llegaban
con sus ropas anchas
con frutos secos en los bolsillos
perfumados con magnolia
y las rastas enternecidas en aceite de coco
masticaban grillos, decían «bar-bar»

«bar-bar» hacen las libélulas
cuando abren sus alas por primera vez
intentan volar estando quietas
y el viento se calma
para no derribarlas

«bar-bar» digo
acercándome al oído del Toro

¿QUÉ DESATA UNA CARICIA?
¿placer, dolor, relámpago?

las caricias del Toro
me hicieron sentir
que era una abeja

debería trasladar el polen
pero decidí pegar mis alas
morir en la dulzura

AMARILIS, DEIDAD, FLOR
campesina glorificada por Virgilio

si Títiro, el pastor
se olvidó de los nísperos
las cabras y el jolgorio estival
por derramar en la campiña
cantos de amor a vos

¿cómo no voy a confesarme
para que me escuches?

Amarilis, el deseo que siento
es elástico
un cardo en la tormenta

frenético y loco
como un buey que ve a su hembra
acariciada por el río

ANDO ATURDIDA
y la semilla aturdida no brota
la planta aturdida
espanta a los abejorros
la iguana aturdida
no se camufla ante el peligro

roja, roja
no quiero maquillaje
que oculte
el ardor en mi cara
por haberla frotado
contra su piel
sin afeitar

ME RODEARON DIEZ MUJERES
con el cabello del color de la espiga
pegado a sus rostros
como si sudaran miel

giraban igual que los sufíes
se acercaban, se alejaban
acariciándome con su viento

observé sus dientes
llenos de incienso
y su lengua bífida
fosforescente

¿quiénes son ustedes?
le pregunté a una

   *tus ancestras*

¿por qué danzan?

   *para que no se apague el fuego*
   *de nuestros consejos*

¿por qué suenan?

*en los dobladillos tenemos agujas, hilo*
   *botellas de ouzo y metaxá*
     *vendas, navajas*

*cigarros, aceitunas*
*y baklava*

¿para qué vinieron?

*con el cordón umbilical*
*que nos cuelga entre las piernas*
*te vamos a nutrir*
*cuando padezcas*

DECIME TU NOMBRE, LE IMPLORÉ
pero ella me dio la espalda
y volvió a la ronda

sus polleras
subían tapándoles la cara
sus ojos
se perdían tras los bordados
me dejé acorralar
por su belleza frenética

cuando cansadas caímos en el pasto
y las ancestras se arrimaron a mi pecho:

un *tympanon* sonaba despacio
la música que ellas siguieron
hasta encontrarme

no quise saber
quién me tocaba por dentro
quién producía
un soplo en mi corazón

*En las estrellas*
*están escritas*
*las recetas de los ungüentos*
*que hace siglos cocinamos*
*en la gran olla que somos*

dijeron las ancestras apuntando al sur

*las estrellas son*
*nuestros museos*

pero yo no las veo
contesté frotándome los ojos
para aplacar las luces de la ciudad

*por eso vinimos*

Y LUEGO EXCLAMARON:

*cuidado*
  *un amor nuevo*
*trae viejas maldiciones*
*como cualquier piedra*
  *que resplandecía*
*antes de que la arrancáramos*
*de su lugar*


no necesito del ámbar, Amarilis
sino que el oleaje no se detenga
más astuta que mis ancestras
voy a recorrer el cuerpo del amado

como un atlas de islas nuevas
como el tronco que devuelve el mar
ocultándolo en su espuma

CALMA, TOMAME
masajeá mis hombros
regresé adolorida de una guerra:

el Toro (¡Dionisio, Minotauro, Bestia!)
me sacó la ropa
acercó el vino a mis labios
bebí
y después bebí

no pidió nada
a cambio del placer

EL SOL, LA LUNA, LAS ESTRELLAS
se ocultan, menguan, se apagan
pero yo deseo sin descanso

el viñedo salvaje se enreda en mis senos
las uvas de mis pezones brotan y se pudren

mis manos no podan, atadas por la bestia
no atienden esta cosecha

ABRO Y CIERRO LIBROS
golpeo las rodillas contra la mesa
aplaudo, hago gárgaras
estornudo

hago ruido para no escuchar
el canto melancólico
de mi sexo
cuando el Toro
no viene

¿Dónde está ahora el coro de ancestras
cuando la pasión
me tiene loca, arrodillada?

párense detrás
apoyen sus pechos
y abrazándome
pujemos
como una misma ola
que me lleve hacia la cordura

pongan en mi cuello
piedras preciosas
para erguir mi mentón

tapen con aros mis orejas
para que el canto de seducción no las penetre

llenen con brazaletes las muñecas
para cansar el impulso de mis manos

cierren mi boca con un hilo dorado
para que deje de gemir

hermanas, prefiero parecerme
a una joya extraña
y no a una loca arrodillada

EL FRENESÍ DEL TORO
es como el del volcán Thera
que devastó Santorini

aquella erupción moldeó la isla:
ahora tiene forma
de sonrisa petrificada

qué es el amor
sino un avance
de la naturaleza
sobre mi cuerpo

FANTASEO CON ROBAR EL TAPIZ DE SAMPUL
no para tocar a escondidas
al guerrero y al centauro
bordados sobre la tela azul y ocre

sino porque los dedos de la artesana
acariciaron una belleza antigua
arrasada por el tiempo:

ella tejió
para que yo pudiera
ver

*El tapiz de Sampul, encontrado cerca de Khotan, en la cuenca de Tarim, dentro de una tumba del siglo III-II a.C.*

Un día casi caigo en la trampa
de creer que mi exceso
es un caballo que no sé montar
y que nadie querrá ver en la espesura

las ancestras dijeron:

*hay que acercarse al animal*
     *no solo mostrar confianza*
*sino tentarlo*
*una*
     *y otra*
*vez*

tratame así
le pedí al Toro

De niña me ponía a cavar en la arena
y encontraba estatuillas:
un animal en miniatura
un Apolo sin extremidades

¿era suerte o maldición?

un día desenterré a un toro
limpié sus cuernos
soplé la tierra de su nariz
le di un beso
y lo volví a enterrar
para que volviera

AHORA CAVO EN LAS SÁBANAS
junto al Toro
me cavo en el espejo
lejos del Toro
cavo en la mesa de la cocina
mientras el Toro come
cavo en la escalera
antes de que el Toro suba
cavo en el umbral
para que la bestia pase

las huellas, las marcas
los amores se cavan, Amarilis
¿a que no lo sabías?

No les creas a las flores
cantaban las ancestras
*no son frágiles*
*no se cortan fácil*
*no se despegan de su polen*
*no acarician con sus pétalos*
    *no huelen a amor*
    *no son fáciles*
*no están cuerdas las flores*
*no están solas las flores*
*no se van a doblegar*

EL TORO TOMA UN LIMÓN
lo exprime sobre la merluza
pone en la tabla
ajos, cebollas, cilantro
perlas de mostaza
aplasta con la mano:
su piel ya es una huerta

dejo el libro
no puedo seguir leyendo
huelo y miro como si tuviera
un collar atándome la boca

LAS ANCESTRAS PREPARARON EL LECHO
para mí y para el Toro
llenaron las almohadas
con plumón de ganso

lo cazaron con flechas
lo desplumaron en dos minutos
y se hicieron un banquete

*no olvides:*
*todo regalo es una adivinanza*

*y cuidate de los que se duermen*
*fácilmente*
*encima de los sacrificios*

No quiero que la pasión
se transforme en una jaula
le dije al Toro

porque la bestia se queda
y yo paso entre los barrotes

Y ANTES DE PARTIR LAS ANCESTRAS CANTARON:

en tu corazón brota una rosa solitaria
    echa raíces en tus venas
    su perfume desciende
    y estalla en tu ombligo
pero te movés con lentitud
    como si cuidaras sus pétalos


        ¡déjala abrirse y salir
        que muestre su filo!


es injusta la vida de una flor
    si nadie sangra con sus espinas

2.

*No desciendo del sol,*
*tengo tanto orgullo*
*que trato de llegar a él,*
*de superarlo.*

Zoí Kareli
(Salónica, 1901-1998)

Virgilio:

una mujer gira el cuello
y queda dura
tantas veces miró atrás
que ya no avanza

Virgilio:

¿escribiste
sobre las guerras
que se inician
cuando las mujeres
movemos nuestros labios?

Amarilis:

Virgilio te dio el nombre de una florecilla
no de un país que nadie logró conquistar
o de una lanza que perforó el fémur enemigo

Virgilio:

desgarro este viejo telón
Amarilis ya no quiere
canastito ni ovejas

¿QUÉ PENSARÍA VIRGILIO
de tu independencia
y tu misterio, Amarilis?

generosa, ofrecés
lo que otros no:
tus dos orejas

sin alabar ni juzgar
me das tu atención
como a todas las criaturas

y me olvido de los celos
aprendo a no ser única

AMARILIS, A DESTIEMPO ENTENDÍ
que eras la menta asiática
que brotó en mi ventana

el escarabajo que se enredó en mi pelo
la ciruela que rodó a mis pies

el pájaro carpintero que rozó mi oreja
mientras leía apoyada en el tronco

y ahora te persigo
como Artemisa a los animales

ando con flechas en los ojos

EL TORO ME PEINA
me frota tan cerca de los pétalos
mientras juego
con la espuma en la bañera

le pido que colguemos flores
del techo

morirán sin el sol, me dice
que vivan lo que tengan que vivir
respondo

que se adapten como me adapto
a las marcas de tus pezuñas

*EL ESFUERZO INÚTIL DEFORMA*
me enseñaron las ancestras

en otra vida fui yegua
y me rompí el lomo

por las noches cabalgaba
hacia un amante
después hacia otro

un día me detuve exhausta
a beber del río
y en el reflejo brillaron
cincuenta pendientes
cien cascabeles
atados a mis crines

encabritada
quise despojarme del ornamento
pero me calmé al ver
mis costados ya sin la montura

hubo un tiempo
en que llevaba a mis amantes
hacia el portal de los dioses

y ningún dios
los quiso

Amarilis, me dejaste sola
igual te amo
como la poeta Kikí Dimulá
a las estatuas y fotografías
para recordarles
que no murieron

te escribo esta carta sin respuesta
como si tajeara con el cuchillo
los cuencos
que un artesano
dejó sin terminar

esculpo, lijo y barnizo
este amor
a la medida
de tu ausencia

antes solo buscaba
señales en la viruta

DESPUÉS DE HACER EL AMOR
puse lavanda seca
y la imagen de Afrodita
en mi corpiño

salí a caminar
*loca, loca*
me gritó un pordiosero
y acercó su vaso
a mis pies
los escupió y sonrió
*bendita seas*, dijo

violentamente respondí
*bendito seas vos*

LOS VECINOS
espían mis pechos
y ven dos gajos
de mandarina
dos picaduras
de mosquito

de niña rezaba:
no quería senos
como los de mi madre
mis tías y abuelas
grandes pechos
de mujeres encorvadas

le pedí al espejo:

dame dos colinas pequeñas
sobre las que puedan
aterrizar las mariposas
dos pezones de agua
y que venga una boca
con mucha sed

AMARILIS:

sin tus fotos
sin tus perfumes
sin tus alhajas

no veo
no huelo
no brillo

me enseñaste a mendigar
en un idioma que nadie entiende

y ahora si salgo desnuda
me ven vestida

yo esperaba amor
y me diste un sayal

ME ARQUEO Y ME SACO FOTOS
mientras repito: soy Perséfone

¿vestida de negro?
no, desnuda

¿oliendo a perfume rancio?
no, recién bañada
con jabón de tomillo

¿con el pelo desgreñado?
no, con cuatro trenzas

¿raquítica?
no, me entrené durante años
salté a la soga, levanté pesas
y elongué
para alcanzar la elasticidad
de la muerte

LOS FANTASMAS VISITAN A MI MADRE
como a mí Nix, Hera, Atenea
y sobre todo Mnemósine

me habla de ellos
como otros hablan del clima
duerme con ellos
come con ellos
remienda mi ropa vieja para ellos

sin comprenderlo
me siento orgullosa
de ser la hija de una mujer
que no retrocedió
ante sus visiones

AMARILIS: SERÉ EL SEPULCRO
donde yazga el cuerpo
de tu amado

durante días y noches
vendrás a untarlo con mirra
y resucitará
por tu insistencia

Esto no es una carta
es mi sangre convertida en tinta

y lo que escribo
sirve para alimentar
al vampiro que hay en mí

Amarilis, no sé si algún día
dejaré que el Toro me vea como soy

quiero que me conozca
pero en su presencia
me convierto en una tumba

mi corazón bombea
protegido por
la rosa escaramujo
la rosa banksiae
la rosa floribunda
la rosa gallica
y la rosa sáfica

los pétalos acarician
y las espinas abren
diminutos tajos
quisiera huir
pero son el camino

DESEAR ES IR REMANDO
a contracorriente
sin saber qué hay allá
donde algo se ilumina
o tal vez se quema

QUERIDA AMARILIS: ESTA NOCHE
una polilla se apoyó
en mi hombro
la atrapé entre el índice
y el pulgar
le di muerte

desconfío
de los que vuelan
y tienen un corazón
tan pequeño

El laurel se extendió
hasta el terreno vecino
daba sombra a dos casas
no sabía qué hacer
llamé al jardinero

vino un hombre
que parecía un chico
le ofrecí guantes, no quiso
con los troncos en la espalda
iba del jardín a la calle
vi la adolescencia de sus brazos
la vejez en los surcos de su boca

cuando finalizó
lo elogié sin parecer indecorosa
después no me resistí y dije:
*sos Apolo y yo Dafne*

dejó en el buzón el dinero que le di
ramas en mi puerta

Lista incompleta de cosas que aprendí:

existe una rosa llamada *virginiana*, es igual a mí
y en nada se parece a esa flor voluptuosa
por la que murió Rilke
al pincharse con su espina

con el tiempo, la tinta de las cartas de amor
se evapora y el papel se pone amarillo
como la piel de un enfermo

para dormir cierro bien los ojos
que no quede espacio para el Minotauro
cualquier hueco mío
es un laberinto para él

¿QUÉ PASARÍA SI AFRODITA
viera mi rostro fulgurante
cuando pienso en el tuyo?

como ahora
que te imagino viniendo hacia mí
y soy una manzana deliciosa
que Safo no pudo alcanzar

pero vos podrías, Amarilis
yo torceré mi rama

No creo en un dios
sino en muchos
mitad hombres
mitad mujeres
con cabeza de ciervo
o cuerpo de caballo

y cuando suena la música
se empiezan a travestir
en laurel
en cisne

no me gusta
el dios sin rostro
todo mirada
párpado abierto
buscándose
en mis ojos
como un Narciso

Compré una docena de tulipanes
los puse en un florero
en el lugar más luminoso

tomé *Los Idilios* de Teócrito
y leí en voz alta para ellos
los cortejos del pastor de cabras:

«¡oh, cautivadora Amarilis!
¿por qué no me respondés?
¿me odiás?
¿mi nariz chata y mi barba espesa
te espantan?
¡harás que me ahorque!
te traje diez manzanas
de aquel árbol
como me ordenaste
mañana traeré también»

los tulipanes bajaron sus cabezas
los besé uno por uno
no aguantaron
el llanto de aquel hombre

AMARILIS, TE DICEN
«la dama desnuda»
andás enseñando tu flor
sin cubrirla con las hojas

quisiera oler
el perfume almibarado
en las axilas de tu blusa
el olor a vino
en la cinta de tu pelo

coser a mi trenza
el primer mechón
que te cortaron

ser tu caballo
y tu trono

UN HERBARISTA
que caminaba por el bosque
acumulando plantas
se encontró con Amarilis
bajo la sombra del arce

y le preguntó
si quería estar en otro sitio
al resguardo de la nieve
que iba a caer pronto

*es la décima vez*
*que muero y vuelvo a nacer*
*en este lugar*
*¡alejá tus manos de mi tallo!*

*llevás la muerte en tu cuaderno*
*y no escuchaste el llanto del rocío*
*que pedía despedirse*

DIJE: TOMEN MI CASA
y déjenme los libros

tomen mis ropas
y déjenme el vestido de lino

tomen mis armas
y déjenme con mi gata

tomen mis dos trenzas
y déjenme la tercera

tomen la amplitud de mi garganta
la lengua, el paladar y las encías
pero déjenme la voz

y el coro de mujeres respondió:

*si nos entregás tu casa*
*te daremos los jardines de Creta*
*los troncos caerán a tus pies*
*y los ríos los llevarán a donde indiques*

*si nos entregás tus mejores ropas*
*te besará el sol*

*si nos entregás tus armas*
*te crecerán uñas de zafiro*

si nos entregás tus trenzas
te daremos una melena
con cien cabellos de oro

si nos entregás la amplitud de tu garganta
de tu boca caerán granos de canto
y labraremos la tierra
a tu paso

¿QUÉ SERÁ DE MÍ?

exprimí un limón
sobre mis ojos, una cebolla
puse aceite de árbol de té
bajo mis párpados
y no hubo lágrimas

acuchillé mi primer vestido
quemé las fotos
de mis amados más tiernos
los que no supieron lastimar
y no hubo lágrimas
fallé

quemé la trenza de mi bisabuela Domna
los documentos que no llegó a usar para irse
y no hubo lágrimas
fallé una vez más

en mis venas no corre
el llanto de las moirologas
de la península de Mani
esas dolientes profesionales
que cantan por los muertos

¿qué será de mí?

mis heridas son prótesis
que me pongo
y me saco

LA PIEL DEL TORO
es más suave que la perla
que levanté del fondo del mar
con mis labios

más suave
más suave
más suave

gimo
para que todos mis sentidos
escuchen
y sean uno: el tacto

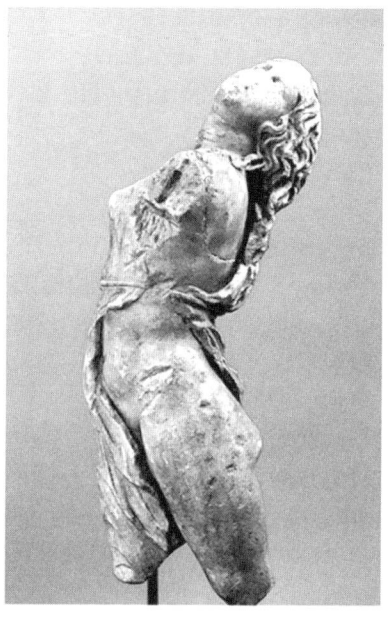

Ménade danzante *o* Ménade poseída por el furor
báquico *es la escultura del escultor griego Scopas, siglo IV a.C.*

CONTEMPLO LOS HUECOS
en los muslos de la Ménade
también sus brazos mutilados
las cuencas sin ojos
y el mentón hecho trizas

el mar, las tempestades, el imperio
le abrieron una grieta en la espalda
pero sus pechos parecen recién nacidos

tus curvas, Ménade, tu tentación
están intactas y en tu boca
que ya no existe
no podrán introducir veneno

Las moirologas me rodearon cual ejército,
   pero sin armas:

*te enseñaremos a llorar los amores muertos*
*sin que te ahogues*

*pero antes deberás desenterrarlos*
                *de tu cabeza*
*y enterrarlos*
         *en tu pecho*

HAY CAZADORES
que no admiten
que lo son
juegan a ser liebre
o cualquier criatura

pero el cazador
es cazador siempre
aunque lo olvide
o se haga el tonto

tendrá que matar
en algún momento

porque así es como se mata
a sí mismo
sin dejar de existir

no soy un conejo
me dijo el Toro
no soy inofensivo

Si me insultan
voy a reconstruir una flor áspera
pétalo a pétalo
en la boca de los agresores

voy a entreabrir sus labios
para darles un pezón de espinas

que chupen el tallo
y se deleiten con dolor

si los insultos crecen
en las bocas de los hombres
yo me encargaré
de que eructen azahar

después les pediré perdón
a las flores

Soy sabia porque tuve miedo y hui
sentí el olor a podrido y rechacé el banquete
vi fuego y cubrí mi cabeza con trapos mojados

porque en la infancia
comí pepitas de girasol
junté rocío en una botella
y no dejé que me picaran
las certezas de los demás

porque lancé mis manos
y escondí las piedras

un día las conté:

tengo un tesoro

*LAS QUE PIENSEN CON LAS ALAS*
*perderán su cabeza*

me dicen las ancestras
creyendo que señalan
a Victoria de Samotracia

pero una apunta hacia el este
la otra hacia el oeste
y las demás, al atardecer

alrededor de ellas
hay pensamientos:
flores de ojos violetas y amarillos
que todo lo ven
porque no eligen

El viento hace temblar los pétalos
de la buganvilla que planté
y es igual a un corazón que late

en esta época también florece en Santorini
y las casas blancas de los isleños se sonrojan

¿cómo lograron los antiguos griegos
sobrevivir hasta nuestra era
sin el carmín
el borgoña, el carmesí
el rojo cadmio, el granate
de la buganvilla?

hay colores para nacer, amar y despedirse
yo veo el mundo a través del pigmento de
    las flores:
mi lente sangra de felicidad

Arrojé una peonia por la ventana
volví a mirar y estaba en el florero

tiré a la basura viejas cartas de amor
y una nueva apareció bajo la puerta

me deshice de los vestidos que vivieron más
    que yo
y la casa se llenó de polillas

estoy a punto de lanzar la flecha
más importante de mi vida
¿se clavará en mí?

COLGABA LA ROPA Y CANTÉ
dejándome llevar
por la música de mi pasión

una golondrina volaba cerca
y al oírme cayó a mis pies
como un fruto sin madurar
entonces supe: quienes vuelan
no pueden cargar con tanto

Euterpe: la maté
para que vinieras
a darle sepultura
y yo pudiera atraparte
escondida entre sus alas

AMARILIS, ANTES DE CONOCERTE
mi alma era un cerezo en flor

viniste montada en la tormenta
rompiendo los postigos
y ahuyentando a las garzas

mis pétalos se escondieron
en el pelo de las espigadoras
que corrían campo a través
con semillas en el escote

di besos en sus nucas blancas
las bendije
para que Zeus no las hiriera

en sus cabellos de centeno
me envolví y cerré los ojos
hasta nacer

Cuenta una leyenda
que la ninfa Amarilis
se enamoró del hermoso
pastor Alteo
que adoraba las flores
prometió casarse
con la que fuera capaz
de enseñarle una flor
nunca antes vista

Amarilis se puso un vestido blanco
y esperó junto a la casa de Alteo

cada vez que él pasaba y no la veía
una flecha de oro
atravesaba su pecho

semanas después
su vestido blanco
se tornó rojo
Alteo salió de su casa
y halló muerta
a la flor maravillosa
nunca antes vista

Amarilis, ¿moriste por amor?
¿o querías blindarte
con oro?

# EPÍLOGO

«Se parece a un dios el que está sentado ahí...», así comenzó la poesía y ahora prosigue, como un apasionamiento y un entusiasmo ante una aparición que origina el ritmo de ciertas palabras dichas a otra mujer. En este libro, la oyente de cada poema tiene un nombre antiguo, Amarilis, que se inventó en el principio del género bucólico. Pero Natalia Litvinova le impone otro brillo a su carácter: más allá, o acaso en un torbellino previo a los pastores teóricos de Teócrito y Virgilio, ella escucha un arrebato, una fuerza dionisíaca. Porque quien enuncia estos versos está poseída por un deseo inhumano, que sin embargo es absolutamente corporal. Un toro, animal de Dionisio, a fuerza de perfumes y de flores, de goces suaves, se apodera de ella, y entonces se suceden los relatos, las danzas, los nacimientos que estallan casi a cada instante. ¿Cómo nació Amarilis?, es una pregunta también por el origen de la poesía. La respuesta se ofrece aquí en sus dos formas: el impulso y el mito, o sea, en imágenes, un amor y una flor. Porque Amarilis es además una flor de color rojo sangre, que acaso brotó por el rapto de un

cuerpo vibrante de reminiscencias y de antici-
paciones. Hacia atrás, los versos miran todos
sus destellos anteriores, como ninfas que se dan
vuelta a contemplar sus propias metamorfosis;
hacia adelante, cada poema despliega su íntima
novedad, su actualidad, porque este libro es un
acto en la presencia plena del lenguaje.

Silvio Mattoni

# Índice

Amarilis

1.

Esta primera edición
en **La Bella Varsovia**
de **Amarilis**,
de **Natalia Litvinova**,
se terminó de imprimir
en Barcelona
el 15 de mayo de 2025.

¡Ojalá te haya interesado esta lectura!
Si ha sido así, te animamos a compartirla
en tus redes sociales.
Tenemos perfiles como @labellavarsovia
en Facebook, Instagram y X.
Y en nuestra web, labellavarsovia.com,
encontrarás información
sobre todos nuestros libros.